CHINESISCHES HOROSKOP

TIGER

KWOK MAN-HO

FLECHSIG

Ein Dorling-Kindersley-Buch

Senior Editor Sharon Lucas
Art Editor Camilla Fox
Managing Editor Krystyna Mayer
Managing Art Editor Derek Coombes
DTP Designer Doug Miller
Production Controller Antony Heller

Illustrationen: Danuta Mayer 4, 8, 11, 17, 27, 29, 31, 33, 35; Giuliano Fornari 21; Jane Thomson; Sarah Ponder.

Fotografien: Steve Gorton, Eric Crichton, Mike Dunning, Jo Foord, Philip Gatward, Dave King, Tim Ridley. Unser Dank gilt: The British Museum, Chinese Post Office, The Powell-Cotton-Museum, Sir Victor Sassoon Chinese Ivories Trust, The Board of Trustees of the Victoria & Albert Museum, Royal Geographical Society.

Bildnachweise: Circa Photo Library 13; mit freundlicher Genehmigung von The Board of Trustees of the Victoria & Albert Museum 12.

Ins Deutsche übertragen von Blanca Dahms

Sonderausgabe für FLECHSIG-BUCHVERTRIEB

Druck und Verarbeitung:
Offizin Andersen Nexö, Leipzig
Printed and bound in Germany

ISBN 3-88189-556-6

INHALT

Die chinesische Astrologie

Seit Jahrtausenden bedienen sich die Chinesen der Astrologie und der Religion, um zwischen Mensch und Natur ein harmonisches Verhältnis herzustellen.

Der Ursprung der zwölf Tierkreiszeichen der chinesischen Astrologie - Ratte, Büffel, Tiger, Hase, Drache, Schlange, Pferd, Ziege, Affe, Hahn, Hund und Schwein - wird wohl für immer ein Rätsel bleiben. Dennoch haben diese Symbole eine tiefe Bedeutung. Sie stehen nicht nur für allgemeine Tendenzen eines Jahres und gute oder schlechte Zeiten, sondern gelten auch als Spiegelbilder des Universums.

Symbol von Yin und Yang
Weiß steht für die weibliche Kraft des Yin und Schwarz für die männliche des Yang.

Yin und Yang
All unsere Charakterzüge und Stimmungen, unser Gesundheitszustand und unser Schicksal sind Ausdruck übergeordneter Prozesse im Universum. Die Chinesen glauben, daß alle Lebewesen und Dinge im Universum durch die dynamischen kosmischen Kräfte von Yin und Yang im Gleichgewicht gehalten werden. Yin steht für das weibliche Prinzip, für Wasser, Kühle, Mond und Regen. Yang ist das maskuline Prinzip, das Feste, die Wärme, Sonne und Erde. Nach altem Glauben entstanden aus den konzentrierten Kräften von Yin und Yang die vier Jahreszeiten und aus ihrer Aufspaltung die Vielzahl von Geschöpfen auf Erden.

So werden auch die zwölf chinesischen Tierkreiszeichen entweder mit Yin oder mit Yang verbunden. Im Winter steigt der Einfluß von Yin, während sich mit dem herannahenden Frühling wieder die Kräfte des Yang durchsetzen. Auch der Lauf eines Tages wird vom ständigen Wechsel und vom

Zusammenspiel der beiden Pole beherrscht. Aber natürlich sind auch wir ihrem Einfluß unterworfen.

In jedem Menschen wirkt ein individuelles Kräfteverhältnis von Yin und Yang, das unsere Stimmungen, Pläne und Gesundheit bestimmt. Darüber hinaus reagieren wir auf äußere Einflüsse wie Wetter, Umgebung und Mitmenschen.

Die fünf Elemente

Alles, was wir berühren, sehen oder schmecken können, gehört zu einem der fünf Grundelemente - Holz, Feuer, Erde, Gold und Wasser.

Das Element Holz zum Beispiel wird dem Tiger und dem Hasen zugeordnet. Es repräsentiert die Farbe Grün, säuerliche Speisen, den Frühling und den Zorn. Das Wirken der verschiedenen Elemente beeinflußt unser Schicksal.

Entdecken Sie Ihr Selbst

Die chinesische Astrologie kann Ihnen helfen, ein gesundes Gleichgewicht zwischen Ihrem Yin und Yang herzustellen. Sie zeigt Ihnen, welches Element Ihnen entspricht und welche Farbe, Geschmacksrichtung und welches Temperament und Körperteil Ihrem Zeichen zugeordnet sind. Aufgrund Ihrer Geburtsdaten - Jahr, Tag, Stunde - können Sie in Ihre Zukunft schauen.

Sie können herausfinden, welchen Leuten Sie sympathisch sind und welcher Beruf zu Ihrer Persönlichkeit paßt. Sie können Ihre Gefühlsschwankungen begreifen, ebenso Ihre Reaktionen auf neue Menschen und Umgebungen. Kurz gesagt: Sie erkennen, was Sie einzigartig macht.

Wahrsagestäbchen

Sehr beliebt ist in China auch die alte Wahrsagetechnik mit Stäbchen. Deren Deutung kann man in einem Orakelbuch nachlesen.

Ihr Horoskop

Im Gegensatz zum Kalender der westlichen Welt, der sich am Lauf der Sonne orientiert, richtet sich der chinesische Kalender nach dem Lauf des Mondes.

Zur Berechnung Ihres chinesischen Horoskops überprüfen Sie mit der Tabelle auf Seite 44 und 45 zunächst Ihr Geburtsjahr - vor allem, wenn Ihr Geburtstag in die ersten Monate des Jahres fällt. Das chinesische Jahr beginnt in der Regel erst im Januar oder Februar, und womöglich gehören Sie deshalb zum Vorjahr. Nicht jeder, der 1961 geboren ist, steht auch unter dem Einfluß des Büffels. Vielmehr gehören alle, die vor dem 15. Februar Geburtstag haben, zum Vorjahr, zum Jahr der Ratte.

Der Kreislauf von 60 Jahren

Die Chinesen messen die Zeit in Zyklen von 60 Jahren. Innerhalb dieser Spanne erscheinen fünfmal die zwölf chinesischen Tierkreiszeichen, allerdings jedesmal in leicht abgewandelter Form. Wenn Sie beispielsweise 1938 geboren sind, sind Sie ein Tiger, der durchs Gebirge streift; ist Ihr Geburtsjahr 1974, sind Sie ein Tiger im Stillstand.

Monat, Tag und Stunde

Die zwölf Monate des chinesischen Kalenders lassen sich nicht mit den zwölf Monaten des westlichen Kalenders gleichsetzen, denn sie richten sich nach dem Lauf des Mondes und nicht nach dem der Sonne. In China hat ein Monat gewöhnlich 29 bis 30 Tage, und alle drei Jahre wird ein zusätzlicher Monat hinzugefügt, um mit der westlichen Kalenderrechnung Schritt zu halten. Eine chinesische Stunde entspricht zwei westlichen, und die zwölf chinesischen Stunden werden den zwölf Tierkreiszeichen zugeordnet.

Jahr, Monat und Stunde Ihrer Geburt sind die entscheidenden Faktoren in der chinesischen Astrologie. Sobald Sie sie berechnet haben, können Sie sich Ihr persönliches Horoskop erstellen.

WASSER	
ERDE	GOLD
HOLZ	YIN
FEUER	YANG

Der chinesische Tierkreis

Um die Mitte, das Symbol von Yin und Yang, sind die chinesischen Schriftzeichen für die zwölf Tiere angeordnet. Der Farbstreifen symbolisiert deren Element, und der Außenring zeigt, ob sie Yin oder Yang angehören.

TIGER

MYTHEN UND LEGENDEN

EINER CHINESISCHEN LEGENDE ZUFOLGE WOLLTE DER JADEKAISER, DER HERRSCHER DES HIMMELS, EINES TAGES DIE ZWÖLF INTERESSANTESTEN TIERE DER ERDE SEHEN. DER TIGER ERHIELT DEN DRITTEN RANG.

Dem Tiger werden Kühnheit und Mut zugeschrieben. Da er die Kraft besitzen soll, Dämonen zu vertreiben, findet man Tigerfiguren auf Gräbern oder Tigergravuren auf Torpfosten. Außerdem gilt der Tiger als Beschützer der Kinder.

Die Chinesen brachten dem Tiger Opfer dar, denn er jagte die Wildschweine, die die Felder verwüsteten. Die Bezeichnung »König der Berge« macht deutlich, welche Achtung der Tiger genoß.

Der Tiger und das Reh

Vor langer Zeit lebte ein kleines getupftes Reh am Rande des dunklen Waldes, doch ging es niemals hinein.

Eines Tages aber hetzten es böse Jagdhunde ins Innere des Waldes. Es rannte und rannte, bis es die Hunde abgehängt hatte, doch leider hatte es sich dabei verirrt und wußte nicht mehr, wie es zurückkommen konnte.

Bald wurden die Tiere des Waldes auf das Reh aufmerksam. »Wir haben noch nie ein getupftes Reh gesehen. Wie seltsam du aussiehst!« sagten sie.

Am nächsten Morgen stand

Jadetiger

Dieser Briefbeschwerer aus Jade stammt aus der Zeit der Sung-Dynastie (960 - 1280 n. Chr.).

Chang Tao Ling

Der grimmige Chang Tao Ling, ein Zauberer, Exorzist und Tao-Lehrer, mit seinem Dämonenschwert beim Ritt auf einem Tiger, der die Teufel erschreckt.

das Reh auf einer Lichtung plötzlich einem riesigen Tiger gegenüber. Es erschrak fürchterlich und glaubte, der Tiger würde es auf der Stelle fressen.

Doch auch der Tiger hatte noch nie so ein Wesen gesehen und fragte neugierig: »Was bist du für ein Tier?« Dabei wetzte er seine Krallen. »Ich bin ein getupftes Reh«, piepste das Reh voller Angst.

Der Tiger setzte schon zum Sprung an, doch bewegte ihn noch eine Frage: »Was sind denn das für Pflanzen auf deinem Kopf?« Schlagfertig antwortete das Reh: »Das sind Stäbchen zum Tigerfressen.«

Der Tiger war verwundert: »Du bist doch viel zu klein, um einen Tiger zu töten.« Das Reh erwiderte: »Für jeden erlegten Tiger habe ich einen Tupfen auf meinem Körper bekommen.«

»Aber wenn du Tiger jagst, warum zitterst du dann vor Furcht?« wollte der verwirrte Tiger wissen. »Vor Furcht?« meinte das Reh. »Du liebe Güte, nein. Ich baue gerade die nötige Kraft auf, dich zu reißen!«

Mehr wollte der Tiger nicht hören. Erschrocken floh er in die Tiefe des Waldes, und das Reh rannte in die andere Richtung davon. Auch heute noch leben die Tiger tief im Urwald, um dem getupften Reh aus dem Weg zu gehen, und getupfte Rehe leben am Waldrand in der Hoffnung, nie wieder einem Tiger zu begegnen.

TIGER

PERSÖNLICHKEIT

DER TIGER IST WETTBEWERBSFREUDIG UND OPTIMISTISCH. JEDE HERAUSFORDERUNG REIZT IHN, UND ER HAT DAS ZEUG ZUM FÄHIGEN UND LOYALEN ANFÜHRER.

Sie fürchten kaum eine körperliche oder geistige Herausforderung. Instinktives Handeln liegt in Ihrer Natur, Sie können aber auch beherrscht und objektiv sein. Am überzeugendsten sind Sie, wenn Sie ein gesundes Gleichgewicht zwischen Instinkt und Urteilsvermögen herstellen können.

Handlungsweise

Für andere zu arbeiten, ist Ihnen verhaßt. Ihre Führernatur verträgt einfach keine Vorschriften. Doch Ihr Kampfgeist wird sicher mit der Zeit anerkannt und letzten Endes auch belohnt.

Sie genießen gerne die Annehmlichkeiten des Lebens, und mit Geld gehen Sie unbesorgt, aber vernünftig um. Gier und Geiz sind Ihnen fremd.

Selbst wenn sorgfältig geplante Investitionen scheitern oder Ihr Freiheitsstreben Sie den Job kostet, streben Sie immer noch optimistisch, phantasievoll und unorthodox zu neuen Ufern. Um zu bekommen, was Ihnen Ihrer Meinung nach zusteht, orientieren Sie sich beruflich öfters neu.

Sie geben nicht so leicht auf, sondern investieren Ihre ganze Kraft in die Suche nach neuen, vielversprechenden Möglichkeiten, von denen Ihnen keine unerreichbar scheint.

Tigerkopf

Dieser Tigerkopf aus vergoldeter Bronze entstand während der Han-Dynastie (206 v.Chr. - 220 n.Chr.)

Seelenleben

Im Grunde Ihres Herzens sind Sie ein großzügiger Mensch. Fühlen Sie sich

aber bedroht oder verunsichert, brechen Aggressionen hervor.

Das Gefühl, in der Falle zu sitzen und von außen bestimmt zu werden, schwächt Ihre positiven Kräfte und läßt Stursinn und Streitsucht zum Vorschein kommen. Sobald Ihre Unabhängigkeit wiederhergestellt ist, kehrt Ihr gewohntes Selbstbewußtsein und damit Ihre Selbstachtung zurück.

In Herzensangelegenheiten sind Sie intuitiv und abenteuerlustig. Von Ihrem Partner wollen Sie gefordert und bezaubert werden, sonst macht sich rasch Langeweile breit.

Freundschaften halten bei Ihnen nicht ewig, denn obwohl Sie ein aufregender und großzügiger Freund sein können, neigen Sie zur Selbstsucht, wenn es schwierig wird.

Gewicht in Tigerform

Dieses chinesische Bronzegewicht stammt aus dem 3. Jahrhundert vor unserer Zeitrechnung. Die Tigerstreifen weisen wertvolle Gold- und Silbereinlagen auf.

Versuchen Sie dieser Tendenz entgegenzuwirken.

Der Tiger als Kind

Der junge Tiger ist ehrlich, hat vielerlei Interessen und läßt sich nur schwer disziplinieren. Eltern sollten Ihrem Tiger-Kind genügend Freiraum für Experimente geben. Doch fühlt es sich am sichersten, wenn es die Grenzen seiner Freiheit kennt.

TIGER

LIEBE

DER TIGER IST LEIDENSCHAFTLICH, RASTLOS UND UNKONVENTIONELL. ER LIEBT DAS AUFREGENDE GEFÜHL, FRISCH VERLIEBT ZU SEIN, UND HAT MEIST VIELE KURZLEBIGE AFFÄREN.

Der stürmische Beginn einer jungen Liebe beflügelt Sie. Sobald Sie Ihrer Eroberung aber sicher sind, setzt rasch die Langeweile ein, und Sie sehen sich wieder nach einer neuen Affäre um.

Sie fühlen sich zu Menschen hingezogen, die selbst Abenteurer oder Freigeister sind, und sind selbst leicht zu entflammen. Selbst wenn Sie verlassen werden, erholen Sie sich rasch und sind voller Elan für eine neue, sich anbahnende Beziehung.

Ihre Idealpartner sind Pferd und Hund. Sie bewundern die Vitalität und den Fleiß des Pferdes, während dieses Ihnen eine Führungsrolle zubilligen kann, ohne selbst seine Freiheit aufzugeben. Der aufrichtige Hund erweist sich meist als treuer Partner und Beschützer.

Der Drache bringt Schwung in Ihr Leben und bereichert es mit seiner Weltklugheit.

Obwohl der Büffel anders denkt als Sie, können Sie miteinander glücklich werden, wenn Sie die Fehler des anderen akzeptieren lernen.

Die Ratte fühlt sich von Ihrer Wißbegier und Leidenschaft angezogen, doch

Die Göttin der Liebe

Kuan Yin, einst in der chinesischen Mythologie eine männliche buddhistische Gottheit, ist heute als Sun-tsu oder Göttin der Gnade bekannt, die Kindersegen schenkt.

Das Rad der Harmonie
Suchen Sie die Tierkreiszeichen, die vor dem gleichen farblichen Hintergrund abgebildet sind wie Ihres. Der Tiger liegt in einem blauen Feld, paßt also am besten zu Pferd und Hund. Das Symbol in der Mitte steht für das Glück der Zweisamkeit.

könnte sie versuchen, Ihnen die Sorglosigkeit zu rauben. Mit dem Hasen teilen Sie das Freiheitsbedürfnis, allerdings ist er weniger impulsiv.

Beziehungen mit Schlange, Ziege, Affe oder einem anderen Tiger könnten sich schwierig gestalten. Die Schlange ist Ihnen zu dogmatisch und streng, die Ziege zu konservativ, und an der Schläue und Schnelligkeit des Affen würden Sie wohl letztlich scheitern. Zwei leidenschaftliche Tiger entkräften einander, zumal es ihnen beiden an Kompromißfähigkeit fehlt.

Obwohl die Beziehung mit einem Hahn anfangs reibungslos laufen müßte, verlieren Sie bestimmt bald die Geduld, und er bekommt Ihre ständige Kritik satt.

Mit dem Schwein verbindet Sie die gleiche Art von Humor. Da Sie aber beide große Individualisten sind, entstehen daraus zahlreiche Konflikte.

Orchidee
Lan Hua, die Orchidee, ist in China die Blume der Liebe und Schönheit. Als Fruchtbarkeitssymbol bedeutet sie reichen Kindersegen.

TIGER

BERUF

DER TIGER IST EIN HERVORRAGENDER ORGANISATOR, UND SEIN OPTIMISMUS WIRKT ANSTECKEND. ALS STARKE, BEGEISTERUNGSFÄHIGE FÜHRUNGSPERSÖNLICHKEIT TREIBT IHN DER WILLE ZUM SIEG.

Geschäftsmann

In der Geschäftswelt kommen die Vorzüge des Tigers voll zur Geltung. Er braucht Termindruck und erzielt manchmal geradezu gefährliche Erfolge, denn ihn interessiert bei Geschäften hauptsächlich das Risiko, während ihn die Gewinnchancen eher kaltlassen.

UHR

WAHLPLAKETTEN

DIGITALER KALENDER UND ADRESSBUCH

Politiker

Seine Energie, seine Führungsqualitäten und seine Gewissenhaftigkeit qualifizieren den Tiger zum Politiker. Die Angst zu scheitern und bei anderen im Ansehen zu sinken, trägt zum immensen Elan des Tigers bei.

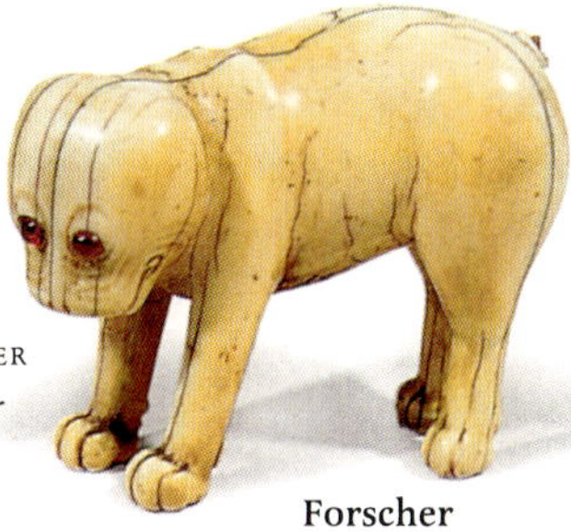

Chinesischer Elfenbein-tiger

Abenteurer

Ein Abenteurerleben könnte dem Tiger gefallen, denn seine Rastlosigkeit drängt ihn zu neuen Erfahrungen. Da eine Reise im Heißluftballon einige Gefahren birgt, wäre sie ein besonders reizvolles Abenteuer für ihn.

Moderner Heissluftballon

Forscher

Der Tiger ist der ideale Forscher. Selbst wenn eine Expedition scheitert, begibt er sich mit seinem Kompaß wieder auf die Suche, vielleicht nach einem wilden Tier wie diesem Tiger aus Elfenbein.

Kompass von Charles Darwin

Pionier

Diesen Propeller baute 1893 ein Pionier der Luftfahrt. Der erfindungsreiche Tiger ist von starkem Pioniergeist beseelt.

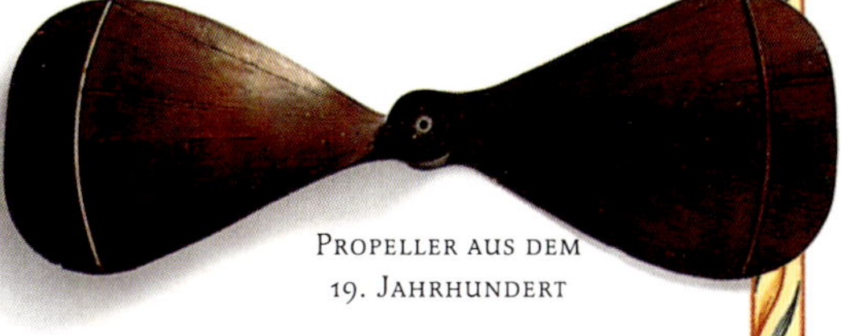

Propeller aus dem 19. Jahrhundert

TIGER

GESUNDHEIT

YIN UND YANG SIND IM KÖRPER STÄNDIG IM FLUSS. DIE GESUNDHEIT DES MENSCHEN BERUHT AUF DEM HARMONISCHEN GLEICHGEWICHT ZWISCHEN DEN BEIDEN KRÄFTEN.

Der menschliche Körper wird von zwei Kräften beherrscht, die ein natürliches Mindest- und Höchstmaß nicht überschreiten dürfen: der Blutkreislauf, eine Yin-Kraft, und der Fluß der Körperenergie, das Ch'i, das dem Yang zugeordnet ist. Die geringste Verschiebung im Gleichgewicht von Yin und Yang kann unsere Gesundheit beeinträchtigen. Yang-Krankheiten lassen sich heilen, indem man Yin zuführt, und Krankheiten des Yin werden durch eine Yang-Therapie behandelt.

Lingchih-Pilz

Auf dieser Schale aus der Ch'ing-Dynastie ist der »unsterbliche« Lingchih-Pilz abgebildet, ein Symbol für langes Leben.

In jedem Menschen herrscht ein anderes Verhältnis von Yin und Yang. Meist hat ein temperamentvoller Mensch starke Yang-Kräfte, während ein friedlicher Mensch eher von Yin-Energien beseelt ist.

Bevor ein chinesisches Heilmittel verschrieben wird, muß die Stimmung des Patienten berücksichtigt werden. Denn auch Gefühle wie Freude, Zorn, Trauer, Fröhlichkeit, Sorge, Nachdenklichkeit und Angst sollten ausgewogen bleiben. Ist dies erreicht, spricht man von einer

Rhabarber

Die Rhabarberpflanze ist für ihre abführende Wirkung bekannt.

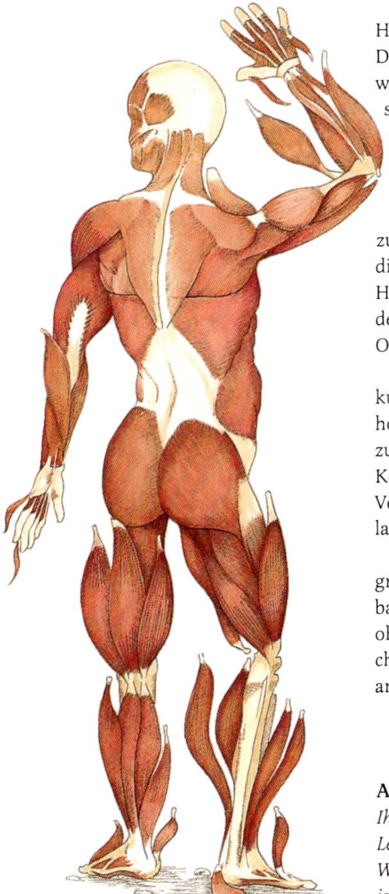

Harmonie der sieben Empfindungen. Dem im Jahr des Tigers Geborenen wird das Element Holz zugeordnet. Es steht mit der Leber, der Gallenblase, den Sehnen und den Augen in Verbindung. Diese Körperpartien haben entscheidenden Einfluß auf Ihre Gesundheit. Außerdem gehören zum Tiger das Gefühl des Zorns, die Vorliebe für saure Speisen und als Heilpflanze der Rhabarber (Rheum), der in der westlichen Welt gern als Obst gegessen wird.

In der chinesischen Naturheilkunde gilt Rhabarber dagegen als hochwirksames Gift. Häufig wird er zur kurzfristigen Stabilisierung des Körpers wie auch zur Behandlung von Verstopfung, Gliederkälte und Kreislaufschwierigkeiten verschrieben.

Die chinesische Medizin verlangt großes Können, daher dürfen Sie Rhabarber und andere Heilpflanzen nicht ohne den Rat eines ausgebildeten chinesischen oder westlichen Arztes anwenden.

Astrologie und Anatomie

Ihrem Element, dem Holz, werden die Leber und die Gallenblase zugeordnet. Während die Leber ein Yin-Organ ist, gilt die Galle als Yang-Organ.

TIGER

HOBBYS

SELBST IN DER FREIZEIT WILL DER TIGER GEFORDERT WERDEN. STÄNDIG AUF DER SUCHE NACH NEUEN AKTIVITÄTEN, OPFERT ER SEINE BEQUEMLICHKEIT GERN EINEM UNERWARTETEN ABENTEUER.

PICKNICKKORB

Picknick

Die Spontanität eines Picknicks entspricht dem Wesen des Tigers, und ein üppiges Mahl auf einer Überraschungsreise ist für ihn der Gipfel des Genusses. Gern umgibt sich der Tiger mit schlichten, aber luxuriösen Gegenständen. Dieser Picknickkorb mit Teegeschirr würde ihm sicherlich gut gefallen.

Reisen

Am liebsten bewegt sich der Tiger in Flugzeug und Auto fort. Diese Kartentasche aus den 20er Jahren wäre für ihn das ideale Reiseutensil.

MODELL-FLUGZEUG

LEDERNE KARTENTASCHE

Schachspiel

Notenblätter

Klassische Spiele

Schach reizt den Tiger dank seiner Neigung zu strategischem Denken und Wettbewerb. Da er gut allein zurechtkommt, liebt der Tiger auch Solitärspiele.

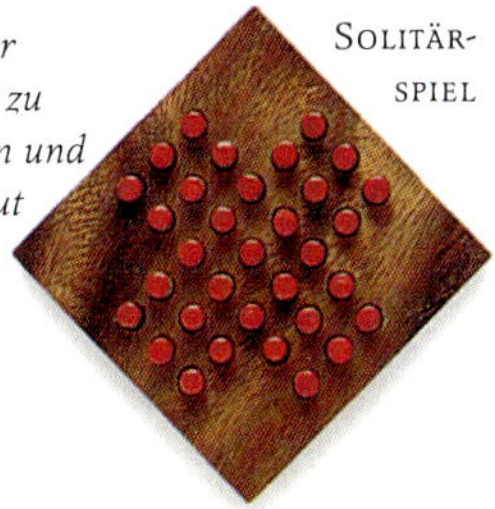

Solitärspiel

Gesang

Die eigene Stimme zu hören, bereitet dem Tiger Freude. Unerschrocken singt er Soli, oder er übernimmt die Leitung eines großen Chors.

Porzellankissen

Entspannung

Sich auszuruhen, sei es auf einem luxuriösen Porzellankissen wie diesem aus der Sung-Dynastie (960 - 1280 n. Chr.) oder auf einem schlichten Liegestuhl, ist für den Tiger ein angenehmer Zeitvertreib.

Liegestuhl

TIGER
SYMBOLE

JEDEM TIERKREISZEICHEN WIRD EINE BESTIMMTE SPEISE, HIMMELSRICHTUNG, FARBE, EMOTION, ASSOZIATION UND EIN EIGENES SYMBOL ZUGEORDNET. ZUM TIGER GEHÖRT DER FRÜHLING.

Farbe

In China gilt Grün als Farbe des Frühlings, der Freude und des inneren Friedens. Grün ist auch die Farbe des Tigers. Dieser chinesischen Vase aus dem 13. oder 14. Jahrhundert gibt eine Celadon-Glasur ihre grünliche Färbung.

CHINESISCHE VASE MIT TIGER

Speise

Die chinesische Astrologie kennt fünf Geschmacksrichtungen – salzig, scharf, bitter, süß und sauer. Zum Tiger gehören säuerliche Speisen, wie diese Preiselbeeren.

PREISELBEEREN

Chinesischer Kompass

Kompass von David Livingstone

Himmelsrichtung

Im Gegensatz zum westlichen Kompaß, der nach Norden weist, zeigt der chinesische nach Süden. Dem Tiger wird der Osten zugeordnet.

Symbol

Das Symbol des Tigers in der chinesischen Astrologie ist der Kompaß.

Assoziation

Mit dem Tiger wird die Landwirtschaft assoziiert.

Emotion

Zum Tiger gehört das Gefühl des Zorns.

Zorniges Baby

Getreide

Der Tiger im Stillstand

1914 und 1974

Sie sind ein sehr vorsichtiger Mensch, der nur ungern ein Risiko eingeht. Sicherheit ist Ihnen neben Ruhe und Frieden das Wichtigste im Leben.

Als Tiger im Stillstand werden Sie mit Wachstum, Blüte und Aufschwung in Verbindung gebracht. Daher winkt Ihnen bei zuverlässiger, ausdauernder Arbeit nicht nur eine steile Karriere, sondern auch die Achtung Ihrer Freunde und Gefährten.

Ihre Symbole sind die ersten Frühlingstage und die frühen Morgenstunden. Als Frühaufsteher sind Sie wahrscheinlich morgens am leistungsfähigsten.

Und da die Morgenstunde bekanntlich Gold im Munde trägt, müßten Ihnen die Munterkeit und natürliche Energie sowohl während der Ausbildung wie auch im Beruf sämtliche Türen öffnen.

Karriere

Im alten China hielt man Tiger-Geborene aufgrund ihrer angeborenen Vorsicht traditionell für ideale Anwärter auf Regierungsposten. Heute noch findet diese Regel Anwendung, denn weibliche wie männliche Tiger im Stillstand glänzen in Geschäft und Verwaltung wie auch im öffentlichen Dienst durch hervorragende Leistungen.

Seine Umsicht und Klugheit, verbunden mit Entschlußkraft und einem gewissen Ehrgeiz, qualifiziert den Tiger im Stillstand für jeden Ausschuß. Als Kollege erweist er sich als äußerst verläßlich.

Zweifelsohne sind diese Qualitäten im Beruf stets gefragt, weswegen Sie sich auch in finanzieller Hinsicht keine Sorgen machen sollten.

Familie

Leider haben Tiger im Stillstand aus den verschiedensten Gründen häufig ein angespanntes Verhältnis zu

Tiger im Stillstand

den Eltern. Manchmal treten unliebsame Situationen auf, weil Ihre Eltern Sie nicht als Erwachsenen behandeln.

Die Lösung für dieses Problem liegt vielleicht darin, daß Sie versuchen, die naturgegebene Vorsicht des Tigers zu nutzen. Nehmen Sie sich also immer genügend Zeit, um Ihren Eltern zuzuhören und Ihren eigenen Standpunkt zu erläutern.

Haben Sie dagegen eine eigene Familie gegründet, sind Sie meist glücklich und zufrieden. Auch wenn es Ihnen im Leben manchmal an Aufregung mangelt, fühlen Sie sich doch geborgen und genießen die Liebe und das Vertrauen Ihrer Nächsten.

Partnerschaft

Alle Tiger neigen von Natur dazu, ihre Beziehungen häufiger zu wechseln. Doch wie sein Name schon sagt, müßte der Tiger im Stillstand seine Rastlosigkeit bezwingen können, indem er sich selbst treu bleibt.

Es gibt also keinen Grund, der Sie davon abhalten könnte, eine stabile und erfüllende Bindung einzugehen.

Der Tiger im Wald

1926 und 1986

Dieser Tiger lebt in seiner natürlichen Umgebung. Durch sein ausgeprägtes Selbstwertgefühl und das Bewusstsein seiner gesellschaftlichen Stellung fühlt er sich überall wohl.

Ein altes chinesisches Sprichwort besagt, der Tiger lebe tausend Meilen von der Stadt entfernt. Es bezieht sich auf seine Unabhängigkeit und Vorsicht, weist aber auch auf seine Menschenscheu hin. Diese ungesellige Tendenz findet sich verstärkt beim Tiger im Wald.

Persönlichkeit

Ihr Symbol ist das Feuer im Haus, also können Sie Wärme geben, aber auch zerstören. In der Regel sind Sie sehr gesprächig und hören sich gern reden. Gelegentlich ist es aber von erstaunlichem Nutzen, auf andere zu hören.

Jugend

Wahrscheinlich haben Sie während der Schulzeit einiges durchgemacht. Das dürfte Ihren Aufstieg aber nicht bremsen. Da Sie ein Naturtalent sind und hart arbeiten, werden Sie Ihre Versäumnisse aus früheren Jahren bald wieder aufholen.

Freundschaft

Die große, bei Ihnen noch verstärkte Vorsicht des Tigers erstreckt sich auch auf Ihre Freundschaften, womöglich sogar auf Ihre Partnerbeziehung.

Obwohl Sie sich mit Ihrer angeborenen Wachsamkeit sicherer fühlen, ist sie nicht immer vorteilhaft. Lernen Sie anderen Menschen zu vertrauen – Sie werden angenehm überrascht sein.

Auch wenn Ihnen der Gedanke nicht lieb ist, brauchen Sie vielleicht jemanden, der Sie im Leben und im Beruf unterstützt. Wählen Sie diesen Menschen mit Bedacht, denn er könnte Ihnen ungeahnte Wege ebnen.

Bei allen Handlungen geben Sie sich große Mühe und tun sich durch

Tiger im Wald

Ihre Zuverlässigkeit hervor. Sie zeigen gern, was in Ihnen steckt. Das bringt Ihnen Erfolg und Anerkennung und stachelt vermutlich Ihren Ehrgeiz weiter an.

Aussichten

Mit Ihrer Intelligenz, Ihrem Fleiß und Ihrer Disziplin bestechen Sie in allen Lebensbereichen. Erwarten Sie jedoch keinen Erfolg über Nacht, dem steht Ihre Freiheitsliebe im Wege.

Seien Sie bereit, auch einmal Ihre Deckung aufzugeben, und beherzigen Sie einen guten Rat. Sie werden feststellen, daß Sie den anderen einiges zu bieten haben und selbst dabei nicht leer ausgehen.

Lassen Sie sich nicht einschüchtern oder verängstigen, und gehen Sie einer Herausforderung nicht aus dem Weg. Mit Ihrer Intelligenz und Wachsamkeit sind Sie schwierigen Situationen durchaus gewachsen.

Indem Sie sich verschiedenen Anforderungen stellen, beweisen Sie Ihr Können am besten und ziehen die Aufmerksamkeit von Vorgesetzten auf sich. Dann bieten sich Ihnen neue Möglichkeiten, und Ihr Leben steht weiterhin unter einem günstigen Stern.

Der Tiger, der durchs Gebirge streift

1938 und 1998

Alle Tiger sind ruhelos und freiheitsliebend, scheuen jedoch das Risiko. Diese inneren Widersprüche finden sich verstärkt beim Tiger, der durchs Gebirge streift.

Diesem Tiger werden die scheinbar widersprüchlichen Akte des Stutzens und des Blühens zugeschrieben. Wenn Sie mit diesen Widersprüchen richtig umgehen, erwächst daraus eine Stärke. Leider haben Sie einen Hang zu Sturheit und Eigensinn, der Sie auch schwächen kann.

Persönlichkeit

Ihre innere Unrast verleitet Sie manchmal dazu, aus geringem Anlaß überzogen zu reagieren und andere schlecht zu behandeln. Ihre extremen Stimmungsumschwünge sind für Sie ebenso schwierig und schmerzlich wie für Ihre nächste Umgebung.

Sie sind stets geneigt, Schwierigkeiten dadurch zu lösen, daß Sie einfach rasch zu einer neuen, unbekannten Situation überwechseln. Diese Rastlosigkeit wurzelt in Ihrem inneren Chaos. Sie wissen unter Umständen nicht genau, was Sie vom Leben wollen, sind aber ständig auf der Suche danach.

Manchmal sind Sie gezwungen, ein Risiko einzugehen, indem Sie beispielsweise jemandem Vertrauen schenken oder etwas bis zum Ende durchziehen. Weil Ihnen das gegen den Strich geht, wittern Sie Gefahr – Ihr Instinkt rät Ihnen, schleunigst das Weite zu suchen, und aufgrund Ihrer Ungeduld langweilen Sie sich schnell.

Bedenken Sie, daß ein Risiko nicht unbedingt gleich Gefahr bedeutet. Manchmal müssen Sie den anderen mehr Vertrauen schenken, damit sie zu Ihnen durchdringen können. Wenn

Tiger, der durchs Gebirge streift

Sie es versuchen, werden Sie positiv überrascht sein.

Jugend

In Ihrer Jugend verfügten Sie vermutlich über große Energie und stürzten sich begeistert in alle möglichen Unternehmungen. Leider führten Ihre extremen Stimmungsschwankungen leicht zu Mißverständnissen und Streit.

Sicher täte es Ihnen manchmal gut, die Stadt zu wechseln oder gar ins Ausland zu gehen, um dort ein neues Leben anzufangen. Versuchen Sie aber aus Ihren Fehlern zu lernen, denn Sie können nicht Ihr Leben lang auf der Flucht bleiben. Wenn Sie Ihre inneren Widersprüche bewältigen, finden Sie Ruhe und Sicherheit.

Partnerschaft

Für Sie ist es besonders wichtig, einen stabilen Partner zu finden, der Sie dazu anhält, die Folgen Ihres Handelns zu tragen. Die Sicherheit einer festen Bindung hilft Ihnen, Ihre Launen zu mäßigen und sich endlich der Realität zu stellen.

Der Tiger, der den Berg hinabsteigt

1950 und 2010

Diesem Tiger lacht das Glück. Sie sind mit den günstigsten Eigenschaften des Tigers gesegnet und verfügen über ein buchstäblich unbegrenztes Potential.

Sie sind ein ausgesprochen glücklicher Tiger, denn Ihr Symbol ist die Ernte Ihrer Saat und der Genuß ihrer Früchte. Wie alle Tiger sind Sie freiheitsliebend und neigen zu überstürzten Handlungen. Sie lassen sich gern umschmeicheln und sind schnell beleidigt.

Persönlichkeit

Obwohl Sie auch Ihre Schattenseiten haben, sind Sie fleißig und großzügig. Im Beruf wie auch im Privatleben können Sie gute Beziehungen aufbauen. Fast alle Ihre Bekannten sind bereit, über Ihre Launen hinwegzusehen. Doch sollten Sie es nicht zu weit treiben.

Jugend

Mit zunehmendem Alter fällt es Ihnen leichter, mit Ihren Stimmungsschwankungen zurechtzukommen. Wahrscheinlich konnte Ihr Stern während der Schulzeit nicht immer so hell glänzen, wie Sie es sich gewünscht hätten.

Karriere

Lassen Sie sich nicht entmutigen, wenn es in jungen Jahren berufliche und finanzielle Probleme gibt. Mit der Zeit schenkt man Ihnen Vertrauen. Gleichzeitig erlangen Sie eine Führungsposition, und der finanzielle Erfolg stellt sich ein.

Freundschaft

Wenn Sie sich beherrschen und ein wenig Diplomatie üben, erkennen Ihre Freunde und Kollegen, daß Sie zwar leicht aufbrausen, aber nicht nachtragend sind. Nach Streitigkeiten mit Ihren Freunden wollen Sie sich so rasch wie möglich aussöhnen.

Tiger, der den Berg hinabsteigt

Partnerschaft

Wenn Sie Ihren Jähzorn unter Kontrolle halten und sich durch frühere Enttäuschungen nicht entmutigen lassen, können Sie eine glückliche und feste Bindung aufbauen, die so schnell nicht in die Brüche geht. Durch die emotionale Sicherheit, die Ihnen diese Beziehung gibt, wächst Ihre Zufriedenheit.

Aussichten

Ihnen werden die letzten Sommertage zugeordnet, und vermutlich können Sie die Belohnungen für Ihre Bemühungen erst in reiferen Jahren ernten. Da Sie zu den besonders glücksverwöhnten Tigern zählen, werden Sie zur rechten Zeit den Lohn für Ihre unermüdliche, harte Arbeit erhalten.

Der Tiger, der durch den Wald pirscht

1902 und 1962

Dieses aggressive Raubtier wird mit einem Mann assoziiert, der eine schwere Last balanciert. Dies symbolisiert das Bedürfnis nach Ausgeglichenheit und die Gefahr der Erschöpfung.

Sie besitzen ein großes Potential und ein stürmisches Temperament. Wie ein Tiger auf Raubzug handeln Sie blitzschnell und neigen zu Überreaktionen, wenn Sie überrascht werden.

Persönlichkeit

Wenn Sie etwas aufregt oder stört, reden und handeln Sie oft unüberlegt. Dabei vergessen Sie, daß eine Denkpause oft klüger wäre. Sie können diese Schwäche jedoch auch in eine Stärke verwandeln. Sobald Sie Ihre Voreiligkeit bremsen, wird Ihre offene und ehrliche Art bestimmt geschätzt. Leider könnte dieser Charakterzug Ärger bringen, wenn Sie ihm freien Lauf lassen. Man hält Sie dann für unverschämt, eigensinnig und rücksichtslos.

Weibliche Merkmale

Als weiblicher Tiger, der durch den Wald pirscht, haben Sie gute Chancen, in eine hohe Position vorzurücken. Ihr beschwichtigender Yin-Einfluß erlaubt es Ihnen, die verschiedenen Aspekte Ihrer Persönlichkeit in Einklang zu bringen.

Männliche Merkmale

Der Yang-Einfluß führt beim Mann oft zu mangelnder Selbstbeherrschung und Unausgeglichenheit.

Beruf

Die ersten Jahre im Berufsleben könnten schwierig werden, weil manche Leute an Ihrem Verhalten Anstoß nehmen. Wenn Sie ausgeglichener und beherrschter werden, dürfte das Leben wesentlich einfacher sein.

Tiger, der durch den Wald pirscht

Partnerschaft

Es gibt viele Spannungen in Ihrer Persönlichkeit, und manchmal fühlen Sie sich innerlich zerrissen. Folglich gestaltet sich eine feste Beziehung oft problematisch und Streitigkeiten sind vorprogrammiert. In dem einen oder anderen Fall kann der Konflikt auch dazu führen, daß Sie sich von Ihrem Partner trennen.

Versuchen Sie Ihren Jähzorn zu mäßigen, und zügeln Sie Ihre Zunge. Es könnte nützlich sein, den guten Rat anderer Leute zu befolgen. Wenn Sie selbst in einem inneren Gleichgewicht leben, wird die feste Beziehung zu Ihrem Partner sicherlich viel stabiler und lohnender.

Kinder

Es kann eine ganze Weile dauern, ehe Sie Ihre seelischen Konflikte gelöst haben und volle Zufriedenheit und Ihr inneres Gleichgewicht finden. Daher ist es ratsam, erst später im Leben Kinder zu bekommen.

Dann besitzen Sie die nötige Reife, um eine enge und gesunde Beziehung zu ihnen aufzubauen und aufrechtzuerhalten.

Ihr chinesischer Geburtsmonat

Sehen Sie in der Tabelle Ihres Geburtsjahres nach, in welchen Monat Ihr Geburtstag fällt. Wenn Sie zum Beispiel am 30. August 1950 geboren wurden, ist es der 7. chinesische Monat.

1 Sie sind immer optimistisch. Seien Sie vorsichtiger, und lernen Sie, vernünftig und realistisch zu planen.

2 Sie stehen oft unter Druck, weil Sie sich überarbeiten. Dennoch bleiben Sie freundlich und sind sehr beliebt.

3 Sie sind ein sensibler, vertrauenswürdiger Freund. Bewahren Sie die Ruhe bei emotionalen Spannungen.

4 Im glücklichsten Monat der chinesischen Astrologie geboren, müßten Sie ein erfolgreiches Leben führen.

5 Als energiegeladener Dickkopf sind Sie manchmal selbst Ihr ärgster Feind. Sie sollten aus Ihren Fehlern lernen.

6 Sie sind attraktiv und allgemein beliebt. Um eine glückliche Beziehung zu leben, sollten Sie sich öffnen.

7 Sie sind ernsthaft, entschlossen und beharrlich. Die Bedürfnisse anderer Menschen wissen Sie zu würdigen.

8 Ihre Unabhängigkeit verschafft Ihnen Respekt. Gleichgültigkeit Ihrem Partner gegenüber ist unangebracht.

9 Selbst wenn Ihre Jugend vorüber ist, gehen Sie mit der Mode. Manchmal fehlt es Ihnen an emotionaler Tiefe.

10 Mit Ihrer gelegentlichen Sorglosigkeit lassen Sie sich leicht ausnutzen. Werden Sie nicht wütend oder frustriert.

11 Sie sind gesund, sportlich und lieben die freie Natur. Drosseln Sie Ihr Tempo in allen Lebensbereichen.

12 Ihre Verhandlungstaktik ist sehr geschickt. Daher bekommen Sie immer, was Ihr Herz begehrt.

*Einige Jahre enthalten Doppelmonate:

1914: 5. Monat	1938: 7. Monat
25. Mai - 22. Juni	27. Juli - 24. August
23. Juni - 22. Juli	25. August - 23. Sept.
1974: 4. Monat	1998: 5. Monat
22. April - 21. Mai	26. Mai - 23. Juni
22. Mai - 19. Juni	24. Juni - 22. Juli

1902	
8. Feb. - 9. März	1
10. März - 7. April	2
8. April - 7. Mai	3
8. Mai - 5. Juni	4
6. Juni - 4. Juli	5
5. Juli - 3. Aug.	6
4. Aug. - 1. Sept.	7
2. Sept. - 1. Okt.	8
2. Okt. - 30. Okt.	9
31. Okt. - 29. Nov.	10
30. Nov. - 29. Dez.	11
30. Dez. - 28. Jan. 1903	12

1914	
26. Jan. - 24. Feb.	1
25. Feb. - 26. März	2
27. März - 24. April	3
25. April - 24. Mai	4
*Siehe Kasten »Doppelmonate«	5
23. Juli - 20. Aug.	6
21. Aug. - 19. Sept.	7
20. Sept. - 18. Okt.	8
19. Okt. - 16. Nov.	9
17. Nov. - 16. Dez.	10
17. Dez. - 14. Jan. 1915	11
15. Jan. - 13. Feb.	12

1926	
13. Feb. - 13. März	1
14. März - 11. April	2
12. April - 11. Mai	3
12. Mai - 9. Juni	4
10. Juni - 9. Juli	5
10. Juli - 7. Aug.	6
8. Aug. - 6. Sept.	7
7. Sept. - 6. Okt.	8
7. Okt. - 4. Nov.	9
5. Nov. - 4. Dez.	10
5. Dez. - 3. Jan. 1927	11
4. Jan. - 1. Feb.	12

1938	
31. Jan. - 1. März	1
2. März - 31. März	2
1. April - 29. April	3
30. April - 28. Mai	4
29. Mai - 27. Juni	5
28. Juni - 26. Juli	6
*Siehe Kasten »Doppelmonate«	7
24. Sept. - 22. Okt.	8
23. Okt. - 21. Nov.	9
22. Nov. - 21. Dez.	10
22. Dez. - 19. Jan. 1939	11
20. Jan. - 18. Feb.	12

1950	
17. Feb. - 17. März	1
18. März - 16. April	2
17. April - 16. Mai	3
17. Mai - 14. Juni	4
15. Juni - 14. Juli	5
15. Juli - 13. Aug.	6
14. Aug. - 11. Sept.	7
12. Sept. - 10. Okt.	8
11. Okt. - 9. Nov.	9
10. Nov. - 8. Dez.	10
9. Dez. - 7. Jan. 1951	11
8. Jan. - 5. Feb.	12

1962	
5. Feb. - 5. März	1
6. März - 4. April	2
5. April - 3. Mai	3
4. Mai - 1. Juni	4
2. Juni - 1. Juli	5
2. Juli - 30. Juli	6
31. Juli - 29. Aug.	7
30. Aug. - 28. Sept.	8
29. Sept. - 27. Okt.	9
28. Okt. - 26. Nov.	10
27. Nov. - 26. Dez.	11
27. Dez. - 24. Jan. 1963	12

1974	
23. Jan. - 21. Feb.	1
22. Feb. - 23. März	2
24. März - 21. April	3
*Siehe Kasten »Doppelmonate«	4
20. Juni - 18. Juli	5
19. Juli - 17. Aug.	6
18. Aug. - 15. Sept.	7
16. Sept - 14. Okt.	8
15. Okt. - 13. Nov.	9
14. Nov. - 13. Dez.	10
14. Dez. - 11. Jan. 1975	11
12. Jan - 10. Feb.	12

1986	
9. Feb. - 9. März	1
10. März - 8. April	2
9. April - 8. Mai	3
9. Mai - 6. Juni	4
7. Juni - 6. Juli	5
7. Juli - 5. Aug.	6
6. Aug. - 3. Sept.	7
4. Sept. - 3. Okt.	8
4. Okt. - 1. Nov.	9
2. Nov - 1. Dez.	10
2. Dez. - 30. Dez.	11
31. Dez. - 28. Jan. 1987	12

1998	
28. Jan. - 26. Feb.	1
27. Feb. - 27. März	2
28. März - 25. April	3
26. April - 25. Mai	4
*Siehe Kasten »Doppelmonate«	5
23. Juli - 21. Aug.	6
22. Aug. - 20. Sept.	7
21. Sept. - 19. Okt.	8
20. Okt. - 18. Nov.	9
19. Nov. - 18. Dez.	10
19. Dez. - 16. Jan. 1999	11
17. Jan. - 15. Feb.	12

Ihr chinesischer Geburtstag

Zunächst stellen Sie mit Hilfe der Tabelle auf Seite 37 den Beginn Ihres chinesischen Geburtsmonats fest, dann errechnen Sie anhand der hier abgebildeten Tabelle Ihren Geburtstag.

Wenn Sie am 5. Mai 1950 geboren wurden, fällt Ihr Geburtstag in den chinesischen Monat, der am 17. April beginnt. Suchen Sie unten in der Tabelle die 17. Zählen Sie von hier die Tage bis zu Ihrem Geburtstag. Bedenken Sie, daß nicht alle Monate 31 Tage haben. In unserem Beispiel sind Sie am 19. Tag des chinesischen Monats geboren. Sind Sie in einem Doppelmonat geboren, zählen Sie einfach die Tage vom ersten Tag Ihres Geburtsmonats.

1	2	3	4	5	6	7
8	9	10	11	12	13	14
15	16	17	18	19	20	21
22	23	24	25	26	27	28
29	30	31				

1., 10., 19. oder 28. Tag

Sie sind zuverlässig und verlangen viel von sich und anderen, neigen aber zu übertriebener Eile. Lassen Sie Vorsicht walten, und denken Sie nicht nur an sich. Vielleicht kommen Sie unverhofft zu Geld, trotzdem sollten Sie gut haushalten. Beruflich stehen Sie gern in der Öffentlichkeit.

2., 11., 20. oder 29. Tag

Sie sind aufrichtig und allgemein beliebt. Obwohl Sie Ruhe lieben, brauchen Sie den Umgang mit Menschen. Sie können das Leben genießen und machen das Beste daraus. Ihnen steht eine literarische oder künstlerische Karriere offen.

3., 12., 21. oder 30. Tag

Sie besitzen eine rasche Auffassungsgabe, gelten aber als schwierig, was manche Leute abschreckt. Sie sind sehr diszipliniert, kämpfen für die Wahrheit und können sich in allen Berufen mit Wettbewerbscharakter profilieren.

4., 13., 22. oder 31. Tag
Sie sind sehr warmherzig, wirken aber oft reserviert und unnahbar. Wenn Sie mehr aus sich herausgehen und kontaktfreudiger werden, können Sie bald neue Freunde gewinnen. Ihre ruhige, geduldige Art prädestiniert Sie für eine Karriere als Akademiker oder Wissenschaftler.

5., 14. oder 23. Tag
Ihre hitzköpfige Art und Ihre Sturheit hindern Sie oft daran, auf die Vorschläge oder Meinungen anderer einzugehen. Das führt nicht selten zu Streitereien und Problemen. In Geldangelegenheiten haben Sie eine glückliche Hand, nicht selten investieren Sie Ihre Gewinne in neue Projekte. Mit Ihrer angeborenen Intelligenz sind Sie auch hohen beruflichen Anforderungen gewachsen.

6., 15. oder 24. Tag
Sie haben ein offenes, heiteres Wesen und sind seelisch gefestigt. Ihr reiches Gefühlsleben fördert die Neigung zu Tagträumen. Das schafft gelegentlich Verwirrung, und Ihre Hilfsbereitschaft wird leicht durch Unentschlossenheit gelähmt. Obwohl Ihnen großer Reichtum versagt bleibt, haben Sie immer genug zum Leben.

7., 16. oder 25. Tag
Gegen ein wenig Aufregung haben Sie nichts einzuwenden, aber Sie müssen lernen, realistischer und disziplinierter zu sein. Auch als geborener Entertainer, dem kaum etwas verübelt wird, sollten Sie sich hüten, Ihre Freunde vor den Kopf zu stoßen. Im Beruf ist Ihnen Reisen wichtiger als die Höhe des Gehalts oder ein hoher Lebensstandard.

8., 17. oder 26. Tag
Sie besitzen ein gutes Urteilsvermögen, sollten aber nicht überstürzt handeln. Gelegentlich mangelt es Ihnen an Taktgefühl und Einfühlungsvermögen: Bemühen Sie sich, mehr auf andere einzugehen. Sie lernen Armut, aber auch Reichtum kennen. Ihr Unabhängigkeitsstreben, Ihre Ruhe und Entschlossenheit qualifizieren Sie für einen freien Beruf.

9., 18. oder 27. Tag
Sie sind mit Glück, Optimismus und Warmherzigkeit gesegnet. In Ihrem Tatendrang lassen Sie sich nicht von trivialen Problemen bremsen. Gelegentlich suchen Sie unnötig Streit. Bemühen Sie sich also, Ihre Launen zu mäßigen. Am besten machen Sie sich als Chef Ihrer eigenen Firma selbständig.

Ihre chinesische Geburtsstunde

Eine chinesische Stunde entspricht zwei Stunden westlicher Zeit. Jeder Doppelstunde wird eines der zwölf Tierkreiszeichen zugeordnet.

23.00–1.00 Uhr: Ratte

Sie sind unabhängig und haben ein hitziges Temperament. Überlegen Sie sorgfältig, was Sie sagen. Ihre Sparsamkeit ist im Geschäftsleben ebenso nützlich wie im Haushalt. Sie helfen gern Ihren Freunden, und diese werden es Ihnen danken.

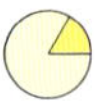

1.00–3.00 Uhr: Büffel

Bis zum Alter von 20 Jahren könnte Ihr Leben schwierig verlaufen, aber nach dieser harten Anfangsphase haben Sie mehr Glück. Im Berufsleben sollten Sie bereit sein, Wagnisse einzugehen, wenn Sie Ihr Ziel erreichen wollen. Im Alter ist Ihnen Wohlstand beschieden.

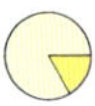

3.00–5.00 Uhr: Tiger

Sie sind lebhaft und kreativ, was in jungen Jahren zu Familienstreitigkeiten führen kann. Zwischen dem zwanzigsten und vierzigsten Lebensjahr können Probleme auftreten. Doch danach wird sich das Glück wieder zu Ihrem Vorteil wenden.

5.00–7.00 Uhr: Hase

Ihre Eltern stehen zu Ihnen, aber mit den Geschwistern kann es zu Rivalitäten kommen. Vielleicht müssen Sie, um beruflich voranzukommen, in eine andere Stadt ziehen, fern von Freunden und Familie. Feste Beziehungen entwickeln sich langsam. Ab der Lebensmitte kommen Sie mit Ihren Mitmenschen viel besser aus.

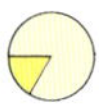

7.00–9.00 Uhr: Drache

Sie sind aufgeweckt, entschlußfreudig und ziehen andere Menschen an. Obwohl Sie mitten im Leben stehen, fühlen Sie sich manchmal einsam. Ihr übersteigertes Selbstbewußtsein könnte sich ungünstig auf Ihre Beziehungen auswirken. Sie erreichen einen hohen Lebensstandard.

9.00–11.00 Uhr: Schlange

Mit Ihrem Talent fürs Geschäftsleben fällt es Ihnen leicht, Karriere zu machen und Ihre Familie zu ernähren. Sie sind überaus großzügig und helfen bereitwillig Ihren in Not geratenen Freunden. Achten Sie darauf, daß Unstimmigkeiten innerhalb der Familie immer schnell bereinigt werden.

11.00– 13.00 Uhr: Pferd

Sie sind aktiv, klug und hartnäckig. Schlagen Sie gute Ratschläge nicht in den Wind. Sie reisen gern und lieben Abwechslung. Ein allzu extravagantes Leben könnte Sie jedoch in finanzielle Schwierigkeiten bringen.

13.00–15.00 Uhr: Ziege

Aufgrund Ihrer großen Aktivität fällt es Ihnen schwer, stabile Beziehungen zu Angehörigen, Freunden und Partnern aufzubauen. Trotz Ihrer Intelligenz dürfen Sie anderen nicht Ihre Meinung aufzwingen. In mittleren Jahren macht sich das Glück etwas rar.

15.00–17.00 Uhr: Affe

Sie geben das Geld ebenso schnell aus, wie Sie es verdienen. Sie haben eine große Anziehungskraft, aber Sie können auch Enttäuschungen bereiten. Vielleicht haben Sie von Ihren Eltern nicht genug Unterstützung erhalten. Ihre Partnerschaft ist in der Regel gut. Versuchen Sie, eventuelle Probleme möglichst schnell zu lösen.

17.00–19.00 Uhr: Hahn

Als Jugendlicher haben Sie oft Streit mit Ihrer Familie. Manchmal entsteht dadurch eine tiefe Kluft, die sich jedoch mit der Zeit sicher wieder schließen läßt. Sie sind zuverlässig, freundlich und warmherzig und würden nie absichtlich jemanden verletzen.

19.00–21.00 Uhr: Hund

Mit Ihrem Mut, Können und Fleiß sind Sie der ideale Freiberufler, und Sie werden vermutlich eine vielversprechende Karriere machen. Allerdings sollten Sie sich vor Ungeduld und Eitelkeit hüten. Lebensqualität wird Ihnen immer wichtiger sein als finanzielles Vermögen.

21.00–23.00 Uhr: Schwein

Ihre besondere Begabung liegt im Handwerklichen, und Sie stellen an sich selbst immer die höchsten Anforderungen. Trotz Ihrer Warmherzigkeit beschränkt sich Ihr Freundeskreis auf wenige Menschen. Wer Ihnen nahesteht, genießt jedoch Ihr uneingeschränktes Vertrauen. Sie sind leicht in Rage zu bringen, vergeben und vergessen aber auch schnell.

Ihr Schicksal im Lauf der Jahre

Nicht in jedem Jahr des Tierkreises geht es dem Tiger gleich gut. Sie sollten sich auf die positiven Aspekte konzentrieren und dem scheinbar Negativen mit Vorsicht begegnen.

Jahr der Ratte
Vermutlich wird es ein schwieriges Jahr. Manchmal scheint es ausweglos – sowohl zu Hause als auch in der Arbeit erwarten Sie Probleme. Doch solange Sie die Ruhe bewahren, müßte im Jahr der Ratte letztendlich alles zu Ihrer Zufriedenheit laufen.

Jahr des Büffels
Unter Umständen geht es Ihnen gesundheitlich nicht so gut, dennoch ist es ein gutes Jahr für den Tiger. Sobald Sie Ihre körperliche und geistige Kraft zurückgewonnen haben, können Sie in vielen Lebensbereichen Erfolge verzeichnen.

Jahr des Tigers
Leider müssen Sie im Jahr Ihres eigenen Zeichens mit Schwierigkeiten rechnen. Finanziell könnte es zu Engpässen kommen. In Ihrer Familie wird es Krankheiten oder sogar Todesfälle geben.

Jahr des Hasen
Das Jahr des Hasen steht für Sie größtenteils unter einem günstigen Stern, was vermutlich auch für Ihr Familienleben gilt. Der einzige Schatten am Horizont sind drohende Unfälle außerhalb des Hauses. Nehmen Sie sich davor besonders in acht.

Jahr des Drachen
Ein anstrengendes Jahr, in dem Sie finanzielle Schwierigkeiten bekommen könnten. Vielleicht geht es entfernten Angehörigen nicht so gut. Stehen Sie Ihnen bei, so gut Sie können. Vernachlässigen Sie dabei aber nicht Ihre Familie.

Jahr der Schlange

Dieses Jahr bringt Krankheiten und andere Schwierigkeiten, die Sie meistern müssen. Zum Glück gibt es aber auch positive Elemente. Mit Entschlossenheit und Ausdauer werden Sie auch im Jahr der Schlange gewisse Erfolge verzeichnen können.

Jahr des Pferdes

In Beruf und Familie dürfte in diesem Jahr alles glatt laufen. Hüten Sie sich aber vor der Eifersucht anderer Leute, sei es beruflich oder privat. Sie gefährdet Lebensbereiche, an denen Ihnen sehr viel liegt. Lassen Sie sich davon nicht irritieren.

Jahr der Ziege

Achten Sie im Jahr der Ziege auf Ihre körperliche und geistige Gesundheit. Packen Sie Gelegenheiten beim Schopf, denn die Sterne stehen günstig. In diesem Jahr können Sie in vielen Bereichen Erfolge verbuchen und am Ende sehr zufrieden sein.

Jahr des Affen

Ihnen bieten sich in diesem Jahr etliche Chancen. Leider erleben Sie auch einige Belastungen und sind daher oftmals verwirrt und erschüttert. Aufregung nützt Ihnen aber gar nichts. Bemühen Sie sich, ruhig und gelassen zu bleiben.

Jahr des Hahns

Versuchen Sie eine positive Einstellung zu bewahren. Das Jahr des Hahns ist ein faszinierendes Jahr für den Tiger, in dem sich nach einem trostlosen Start mehrere Lebensbereiche zu Ihren Gunsten verändern dürften.

Jahr des Hundes

In diesem hervorragenden Jahr könnte es bei Ihnen Familienzuwachs geben. Ihnen eröffnen sich viele Chancen, vielleicht sogar eine Tätigkeit im Ausland. Seien Sie jedoch auf der Hut, denn damit werden Sie den Neid anderer Leute wecken.

Jahr des Schweins

Sehen Sie sich vor, das Jahr des Schweins könnte für Sie gefährlich werden. Besonders sollten Sie auf Ihre Gesundheit achten. In vielen Lebensbereichen gibt es Unstimmigkeiten, daher müssen Sie in diesem Jahr stets wachsam und vorsichtig bleiben.

Ihr chinesisches Geburtsjahr

Ihr Tierkreiszeichen richtet sich nach Ihrem chinesischen Geburtsjahr. Dieses ist der wichtigste Schlüssel zum chinesischen Horoskop.

In der linken Spalte der Tabelle ist Ihr Geburtsjahr nach dem westlichen Kalender verzeichnet. In der rechten Spalte derselben Zeile finden Sie Ihr chinesisches Tierkreiszeichen. Achten Sie jedoch auf den Jahresbeginn in der mittleren Spalte der Tabelle, wenn Sie in den ersten Monaten des Jahres geboren sind.

Beispiel: Sie sind 1963 geboren, vermutlich also im Jahr des Hasen; liegt Ihr Geburtstag jedoch vor dem 25. Januar, gehören Sie in das Jahr des Tigers.

1900	31. Jan. - 18. Feb. 1901	Ratte
1901	19. Feb. - 7. Feb. 1902	Büffel
1902	8. Feb. - 28. Jan. 1903	Tiger
1903	29. Jan. - 15. Feb. 1904	Hase
1904	16. Feb. - 3. Feb. 1905	Drache
1905	4. Feb. - 24. Jan. 1906	Schlange
1906	25. Jan. - 12. Feb. 1907	Pferd
1907	13. Feb. - 1. Feb. 1908	Ziege
1908	2. Feb. - 21. Jan. 1909	Affe
1909	22. Jan. - 9. Feb. 1910	Hahn
1910	10. Feb. - 29. Jan. 1911	Hund
1911	30. Jan. - 17. Feb. 1912	Schwein
1912	18. Feb. - 5. Feb. 1913	Ratte
1913	6. Feb. - 25. Jan. 1914	Büffel
1914	26. Jan. - 13. Feb. 1915	Tiger
1915	14. Feb. - 2. Feb. 1916	Hase
1916	3. Feb. - 22. Jan. 1917	Drache

1917	23. Jan. - 10. Feb. 1918	Schlange
1918	11. Feb. - 31. Jan. 1919	Pferd
1919	1. Feb. - 19. Feb. 1920	Ziege
1920	20. Feb. - 7. Feb. 1921	Affe
1921	8. Feb. - 27. Jan. 1922	Hahn
1922	28. Jan. - 15. Feb. 1923	Hund
1923	16. Feb. - 4. Feb. 1924	Schwein
1924	5. Feb. - 23. Jan. 1925	Ratte
1925	24. Jan. - 12. Feb. 1926	Büffel
1926	13. Feb. - 1. Feb. 1927	Tiger
1927	2. Feb. - 22. Jan. 1928	Hase
1928	23. Jan. - 9. Feb. 1929	Drache
1929	10. Feb. - 29. Jan. 1930	Schlange
1930	30. Jan. - 16. Feb. 1931	Pferd
1931	17. Feb. - 5. Feb. 1932	Ziege
1932	6. Feb. - 25. Jan. 1933	Affe
1933	26. Jan - 13. Feb. 1934	Hahn

1934	14. Feb. - 3. Feb. 1935	Hund
1935	4. Feb. - 23. Jan. 1936	Schwein
1936	24. Jan. - 10. Feb. 1937	Ratte
1937	11. Feb. - 30. Jan. 1938	Büffel
1938	31. Jan. - 18. Feb. 1939	Tiger
1939	19. Feb. - 7. Feb. 1940	Hase
1940	8. Feb. - 26. Jan. 1941	Drache
1941	27. Jan. - 14. Feb. 1942	Schlange
1942	15. Feb. - 4. Feb. 1943	Pferd
1943	5. Feb. - 24. Jan. 1944	Ziege
1944	24. Jan. - 12. Feb. 1945	Affe
1945	13. Feb. - 1. Feb. 1946	Hahn
1946	2. Feb. - 21. Jan. 1947	Hund
1947	22. Jan. - 9. Feb. 1948	Schwein
1948	10. Feb. - 28. Jan. 1949	Ratte
1949	29. Jan. - 16. Feb. 1950	Büffel
1950	17. Feb. - 5. Feb. 1951	Tiger
1951	6. Feb. - 26. Jan. 1952	Hase
1952	27. Jan. - 13. Feb. 1953	Drache
1953	14. Feb. - 2. Feb. 1954	Schlange
1954	3. Feb. - 23. Jan. 1955	Pferd
1955	24. Jan. - 11. Feb. 1956	Ziege
1956	12. Feb. - 30. Jan. 1957	Affe
1957	31. Jan. - 17. Feb. 1958	Hahn
1958	18. Feb. - 7. Feb. 1959	Hund
1959	8. Feb. - 27. Jan. 1960	Schwein
1960	28. Jan. - 14. Feb. 1961	Ratte
1961	15. Feb. - 4. Feb. 1962	Büffel
1962	5. Feb. - 24. Jan. 1963	Tiger
1963	25. Jan. - 12. Feb. 1964	Hase
1964	13. Feb. - 1. Feb. 1965	Drache
1965	2. Feb. - 20. Jan. 1966	Schlange
1966	21. Jan. - 8. Feb. 1967	Pferd
1967	9. Feb. - 29. Jan. 1968	Ziege
1968	30. Jan. - 16. Feb. 1969	Affe
1969	17. Feb. - 5. Feb. 1970	Hahn
1970	6. Feb. - 26. Jan. 1971	Hund

1971	27. Jan. - 14. Feb. 1972	Schwein
1972	15. Feb. - 2. Feb. 1973	Ratte
1973	3. Feb. - 22. Jan. 1974	Büffel
1974	23. Jan. - 10. Feb. 1975	Tiger
1975	11. Feb. - 30. Jan. 1976	Hase
1976	31. Jan. - 17. Feb. 1977	Drache
1977	18. Feb. - 6. Feb. 1978	Schlange
1978	7. Feb. - 27. Jan. 1979	Pferd
1979	28. Jan. - 15. Feb. 1980	Ziege
1980	16. Feb. - 4. Feb. 1981	Affe
1981	5. Feb. - 24. Jan. 1982	Hahn
1982	25. Jan. - 12. Feb. 1983	Hund
1983	13. Feb. - 1. Feb. 1984	Schwein
1984	2. Feb. - 19. Feb. 1985	Ratte
1985	20. Feb. - 8. Feb. 1986	Büffel
1986	9. Feb. - 28. Jan. 1987	Tiger
1987	29. Jan. - 16. Feb. 1988	Hase
1988	17. Feb. - 5. Feb. 1989	Drache
1989	6. Feb. - 26. Jan. 1990	Schlange
1990	27. Jan. - 14. Feb. 1991	Pferd
1991	15. Feb. - 3. Feb. 1992	Ziege
1992	4. Feb. - 22. Jan. 1993	Affe
1993	23. Jan. - 9. Feb. 1994	Hahn
1994	10. Feb. - 30. Jan. 1995	Hund
1995	31. Jan. - 18. Feb. 1996	Schwein
1996	19. Feb. - 6. Feb. 1997	Ratte
1997	7. Feb. - 27. Jan. 1998	Büffel
1998	28. Jan. - 15. Feb. 1999	Tiger
1999	16. Feb. - 4. Feb. 2000	Hase
2000	5. Feb. - 23. Jan. 2001	Drache
2001	24. Jan. - 11. Feb. 2002	Schlange
2002	12. Feb. - 31. Jan. 2003	Pferd
2003	1. Feb. - 21. Jan. 2004	Ziege
2004	22. Jan. - 8. Feb. 2005	Affe
2005	9. Feb. - 28. Jan. 2006	Hahn
2006	29. Jan. - 17. Feb. 2007	Hund
2007	18. Feb. - 6. Feb. 2008	Schwein